GRINGOIRE

COMÉDIE EN UN ACTE

EN PROSE

PAR

THÉODORE DE BANVILLE

PARIS

MICHEL LÉVY FRÈRES, LIBRAIRES ÉDITEURS

RUE VIVIENNE, 2 BIS, ET BOULEVARD DES ITALIENS, 1

A LA LIBRAIRIE NOUVELLE

—

MDCCCLXVI

GRINGOIRE

COMÉDIE

Representée pour la première fois à Paris, sur le Théâtre-Français,

par les comédiens ordinaires de l'Empereur,

le 23 juin 1866.

OUVRAGES DU MÊME AUTEUR

COMÉDIES EN VERS

DIANE AU BOIS. (2e édition.)

LES FOURBERIES DE NÉRINE.

LA POMME. (2e édition.)

LE BEAU LÉANDRE.

LE FEUILLETON D'ARISTOPHANE.

LE COUSIN DU ROI.

En collaboration avec M. PHILOXÈNE BOYER.

CONTES ET POÉSIES.

LES PARISIENNES DE PARIS.

ODES FUNAMBULESQUES. (2e édition.)

LES PAUVRES SALTIMBANQUES.

PARIS. -- J. CLAYE. IMPRIMEUR, RUE SAINT-BENOIT, 7.

GRINGOIRE

COMÉDIE

EN UN ACTE EN PROSE

PAR

THÉODORE DE BANVILLE

M · L

PARIS

MICHEL LÉVY FRÈRES, LIBRAIRES ÉDITEURS

RUE VIVIENNE, 2 BIS, ET BOULEVARD DES ITALIENS, 15

A LA LIBRAIRIE NOUVELLE

1866

A VICTOR HUGO

Cette comédie
est humblement dédiée par son fidèle

Th. DE B.

Si l'on pouvait payer ses dettes avec un trait de plume, comme je serais heureux d'écrire les lignes qui vont suivre !

Dire que j'ai trouvé, pour mener à bien le sort de cette pièce, un appui auquel on peut se fier toujours, un dévouement patient et infatigable, une aide fraternelle et le secours d'une pensée vive, alerte, ingénieuse, féconde, toujours en éveil, n'est-ce pas dénoncer déjà mon cher ami RÉGNIER, dont ce qu'on nomme Désintéressement est la nature même?

Que Régnier se soit donné pour moi mille fois plus de peine qu'il ne s'en fût donné pour lui, ceci n'étonnera personne de ceux qui connaissent ce cœur d'une générosité si haute et si rare. Moi je veux seulement témoigner de ceci, qu'en mettant à ma disposition une expérience scénique sans égale, il a tenu à ce que je fusse moi-même, choisissant toujours l'interprétation la plus large et la moins banale, me ramenant à ma propre pensée quand je m'en étais éloigné, et m'obligeant à rester toujours poëte, c'est-à-dire hardi et vrai.

La pièce revue, Régnier ne l'a pas abandonnée ! Avec une invention merveilleuse, avec un tact exquis, minutieux, il l'a mise en scène, imaginant et composant en artiste une suite de tableaux qui sont l'exacte représentation matérielle de nos idées. Enfin il a prodigué son esprit à des comédiens qui, passés maîtres eux-mêmes, l'écoutent cependant comme un maître, sachant que ses conseils, précieux et inestimables pour nous, ont été quelquefois utiles, même au génie.

Tout le monde sait à qui revient l'autre part du succès de *Gringoire;* je n'ai donc qu'à nommer et à remercier à la fois :

Le comité de la Comédie-Française, qui a accueilli à bras ouverts cette œuvre consciencieusement écrite; M. Édouard Thierry qui, avec une sollicitude infinie, lui a apporté son goût littéraire si infaillible, son érudition immense et toujours présente, ses soins de toutes les heures et de toutes les minutes; les acteurs : — M. Coquelin, comique, tendre, élevé, lyrique dans le rôle de Gringoire, où nous retrouvons en lui, transfiguré, complété, grandi encore par une création moderne, le jeune et déjà célèbre comédien des *Fourberies de Scapin* et du *Mariage de Figaro;* M. Lafontaine, cet énergique et puissant acteur de drame qui a fait vivre et marcher devant nous le Louis XI de l'histoire avec ses ruses, sa gaieté bourgeoise, sa bonhomie tragique et ses effrayantes colères; Mme Victoria Lafontaine, charmante comme Juliette, douce, émue, héroïque, jeune enfin! Mlle Ponsin, qui a bien voulu accepter un rôle si inférieur à son talent, parce que Nicole Andry ne pouvait se passer ni de sa beauté, ni de son esprit, ni de sa voix; M. Barré, admirable de simplicité et de bonne humeur gauloise; M. Chéry, enfin, qui, avec quelques mots, a su faire d'Olivier-le-Daim une figure.

Puis M. Davesnes, ce metteur en scène excellent et modeste qui se souvient d'avoir été comédien et auteur dramatique; puis les peintres, MM. Rubé et Chaperon, dont le pinceau a créé pour moi un intérieur du xve siècle calme, gai, naïf, approprié à l'œuvre, irréprochablement fidèle, et dont Théophile Gautier, le meilleur des juges, a écrit justement : « Viollet-le-Duc, dans ses restaurations d'anciens mobiliers, ne serait pas plus exact; » puis M. Alfred Albert, qui a dessiné en artiste savant et curieux les costumes de *Gringoire*.

Quand j'aurai mentionné ici le *Louis XI* de Michelet, ce chef-d'œuvre, et *Les Joyeulsetez du Roy Loys le Unziesme* des CONTES DROLATIQUES de Balzac, aurai-je nommé tous mes collaborateurs ? Non, car toute pièce de théâtre qui réussit pleinement a deux collaborateurs obligés : la Critique et le Public. Des critiques comme les nôtres, qui sont des créateurs, des inventeurs, mettent hardiment en lumière telle partie du tableau que l'auteur avait dû laisser dans l'ombre. Quant au Public, tandis qu'on l'accuse niaisement de ne se plaire qu'aux farces viles et aux écœurantes apothéoses des féeries les plus sottes, c'est lui qui s'enthousiasme aux vers énergiques et vrais, c'est lui qui pleure devant les misères sincèrement racontées, et qui a l'amour et l'ardente soif de la poésie, dont la source éternellement pure et vive peut seule rafraîchir les âmes.

Paris, 4 juillet 1866.

PERSONNAGES

LOUIS XI (16 ans). . . . .   M. LAFONTAINE.

PIERRE GRINGOIRE (20 ans).   M. COQUELIN.

SIMON FOURNIEZ, marchand
(18 ans). . . . .   M. BARRÉ.

OLIVIER-LE-DAIM. . . . . . .   M. CHÉRY.

LOYSE, fille de Simon Fourniez
(17 ans). . . . .   Mme VICTORIA LAFONTAINE.

NICOLE ANDRY, sœur de Simon
Fourniez (24 ans). . . . .   Mlle PONSIN.

PAGES DU ROI, VALETS DE SIMON FOURNIEZ, OFFICIERS
ET ARCHERS DE LA GARDE ÉCOSSAISE.

———————

La scène est à Tours, chez Simon Fourniez, au mois de mars
de l'année 1469.

GRINGOIRE

Le théâtre représente une belle chambre gothique, meublée avec le luxe sérieux de la bourgeoisie opulente. Le fond est occupé par une grande cheminée de pierre à colonnes accouplées et annelées, ornée de trois figurines posées sur culs-de-lampe. De chaque côté de la cheminée, une porte à deux vantaux, faisant partie du lambris de chêne qui recouvre les murs jusqu'à la moitié de leur hauteur. Ces portes donnent sur un palier d'escalier éclairé par deux fenêtres trilobées, un peu basses, à petits vitraux en losanges. Plafond à solives peintes, étoilées de rosaces d'étain. Sur les parois latérales, deux fenêtres à ébrasement profond, garnies de rideaux de serge. A gauche, un grand dressoir à trois étagères et baldaquins saillants, chargé de vaisselle d'argent et de mets réjouissants à voir. A droite, une horloge en cuivre, dont les rouages, le marteau et le timbre sont apparents. Sur le pavé, une épaisse natte de sparterie. Chaires, table carrée et escabeaux en chêne.

Au lever du rideau, Olivier-le-Daim est debout près de la fenêtre de droite. Deux pages du Roi se tiennent immobiles devant le dressoir. Louis XI, assis dans une grande chaire sculptée, garnie de coussins d'écarlate et d'or; Simon Fourniez et Nicole Andry sont réunis autour d'une table encore chargée de fruits et de cruches d'argent remplies de vin. Nicole, en achevant le conte qu'elle vient de dire, se lève pour verser à boire au Roi.

SCÈNE PREMIÈRE.

LE ROI, SIMON FOURNIEZ, NICOLE ANDRY, OLIVIER-LE-DAIM, Deux Pages.

NICOLE, se levant et versant à boire au Roi.

Oui, Sire, c'est ainsi que, sous le règne du feu roi, votre père, la demoiselle Godegrand épousa un pendu, que des éco-

liers avaient décroché par plaisanterie et mis dans la chambre
de la vieille fille, pendant qu'elle était à vêpres.

LE ROI, riant.

A la bonne heure. Messire Olivier-le-Daim, que dites-vous
de cette plaisante histoire?

OLIVIER-LE-DAIM.

Je dis, Sire, que le jeune garçon avait été mal pendu.

LE ROI.

Naturellement. Tu vois d'abord le vrai des choses. (A Nicole
Andry.) C'est égal, voilà un réjouissant propos. C'est plaisir de
vous entendre, belle Nicole. Pourquoi vous tenir si loin de moi?

NICOLE.

Par respect, Sire.

LE ROI.

Approchez!

NICOLE.

Je n'oserais.

LE ROI.

Eh! bien, j'oserai, moi!

NICOLE.

Oh! Sire!

LE ROI.

Quel âge avez-vous comme cela?

NICOLE.

J'ai vingt-quatre ans, Sire.

LE ROI.

Ce n'est pas le bon âge pour rester veuve. Surtout quand on
est la beauté la mieux fleurie de notre ville de Tours. N'est-ce
pas vous qu'on nomme partout la belle Drapière!

NICOLE.

Oh! Sire, on me nomme ainsi, parce que j'ai été célébrée
sous ce nom-là dans une chanson qui est devenue fameuse aux
veillées d'hiver.

LE ROI.

Et qui a fait cette chanson? Un amoureux de ces yeux
malins?

NICOLE.

Un amoureux! Oh! non. Sire. C'est Gringoire!

LE ROI.

Qu'est cela. Gringoire?

OLIVIER-LE-DAIM.

Rien du tout. Sire.

SIMON FOURNIEZ.

Un comédien, un farceur bien réjouissant. Ma foi! il est
bien le plus effaré et le plus affamé des enfants perdus.

LE ROI.

Ce qui ne l'empêche pas. à ce qu'il paraît, de se connaître
en aimables femmes. et de louer triomphalement la plus belle
de toutes.

NICOLE, à Simon Fourniez.

Voyez-vous pas que le Roi m'attaque de galanterie? Mon
frère, défendez-moi!

SIMON FOURNIEZ.

Oh! notre sire le Roi aime à rire, mais tu es une prude
femme, et tu sais bien te défendre toi-même.

NICOLE.

Alors. Sire, laissez-moi boire à la santé de celui qui punit
expressément en ce royaume tous les affronteurs de renommée
et larrons d'honneur!

LE ROI, pressant Nicole.

Ah! ceci c'est de la trahison, et il faut que je me venge.

NICOLE, s'agenouillant devant le Roi et élevant son verre.

Je bois à la santé du Roi! à ses longs jours!

LE ROI, s'arrêtant.

Contre une femme d'esprit, le diable perd ses peines,

1.

NICOLE.

A son triomphe sur tous ses ennemis!

LE ROI.

Pardieu! les plus cruels de tous, ce sont ces yeux qui me brûlent comme le feu d'enfer! Mais, que tenter contre un ennemi qui me met dans l'impossibilité de le battre et de le poursuivre? Dira-t-on que le roi Louis a eu peur?

NICOLE.

Si quelqu'un disait cela, les Anglais de Dieppe et les Suisses de Bâle répondraient qu'il en a menti.

SIMON FOURNIEZ.

Bien dit, ma sœur. Et si le Roi est le plus vaillant capitaine de son royaume, il en est aussi le seigneur le plus juste, et le moins fier, peut-être! C'est pourquoi j'ose le remercier de la grâce qu'il nous a accordée en daignant s'asseoir à table chez un de ses bourgeois.

LE ROI.

Dis chez un de ses amis, Simon Fourniez. Tu n'es pas pour moi un simple bourgeois et le premier venu! Je n'ai pas oublié les bonnes heures que nous avons passées dans ton jardin, celui-là même qui entoure cette maison amie, quand je n'étais encore que dauphin de France. Au moment si cruel où je faisais à mes dépens le dur apprentissage de la vie, toi, humble et fidèle serviteur, tu m'as aidé de ta bourse; bien plus, tu as risqué ta vie pour moi. Je sais comment! Ce sont des souvenirs que rien ne peut effacer, mon brave et digne ami Simon. Sans compter que ta fille Loyse est ma filleule!

SIMON FOURNIEZ.

Ah! Sire, pardonnez. Je pleure de joie. Je n'ai pas attendu, moi, pour me donner à vous, que vous fussiez le roi et le maître tout-puissant, car il ne nous avait fallu qu'un moment pour nous entendre! Bourgeois né dans le peuple, pensant et sentant comme lui, je devinais avec quelle ardeur vous aimiez notre pauvre pays déchiré. Or, il nous fallait un chef, un chef

à la main rude et vaillante, qui fût un père pour nous, un
maître inflexible pour les bergers qui tondaient de trop près
notre laine. Vous étiez notre homme, et nous le comprenions!

LE ROI.

Voilà parler. Vive Dieu! Simon Fourniez, tu as raison, mon
peuple et mes bourgeois sont ce que je préfère à tout au monde.
Si je suis venu aujourd'hui te demander à souper, c'est que,
Dieu merci, je puis enfin prendre un peu de repos : je l'ai
gagné! Je veux jusqu'à ce soir me réjouir librement avec
vous, et me donner la récréation de n'être plus le roi. Les
mauvais jours de Péronne et de Liége sont passés, mes amis!
(Se frottant les mains.) Mon cousin de Bourgogne perd son temps
du côté de la Gueldre et du landgraviat d'Alsace !

NICOLE.

Mais on asssure que le sournois veut établir en Champagne
Monseigneur votre frère de Normandie...

SIMON FOURNIEZ.

Pour se ménager un passage entre ses Ardennes et sa Bourgogne !

LE ROI.

Oui, il a été question de cela. Oh! le duc Charles est fin
et rusé !

SIMON FOURNIEZ, devinant le Roi.

Mais on peut trouver plus fin et plus rusé que lui !

LE ROI.

Que dirais-tu, par exemple, ami Simon, si, en renonçant à la
Champagne, mon frère recevait de moi en échange la Guyenne
et l'Aquitaine ?

SIMON FOURNIEZ.

Je dis que ce serait un bon tour !

LE ROI.

Et un bon troc! pour un jeune homme ami du plaisir,
comme l'est monsieur notre frère. Aussi ne le refusera-t-il
certainement pas.

OLIVIER-LE-DAIM, s'avançant.

Vous le croyez, Sire ?

LE ROI.

Si je le crois, Olivier ? (Avalant une gorgée de vin.) C'est La Balue
que j'ai chargé de la négociation. Je compte sur La Balue :
c'est un serviteur fidèle, celui-là.

OLIVIER-LE-DAIM.

Tellement fidèle que le Roi ne tardera pas à en être surpris !

LE ROI, posant son verre.

Que veux-tu dire ?

OLIVIER-LE-DAIM.

Moi, Sire ? Rien. (A part.) Laissons-lui sa bonne humeur. Elle
m'est nécessaire.

LE ROI, se levant et allant à lui.

Qu'est-ce donc, maître Olivier ? Qu'avez-vous à murmurer
ainsi entre vos dents ? Nierez-vous par hasard que je n'aie en
main les cartes, et que l'avantage ne me soit revenu ?

OLIVIER-LE-DAIM.

Non pas, Sire. Il n'aurait pas été naturel que le plus fin
joueur perdit sans cesse !

LE ROI.

Aussi ramasserai-je les enjeux, mes enfants. Donc, réjouis-
sons-nous, Simon, et verse-nous ton vieux vin qui est le sang
vermeil de la belle Touraine.

SIMON FOURNIEZ, remplissant le verre du Roi.

Il est à vous, Sire !

Les valets et les pages portent la table dans un coin de la salle et pré-
parent le fauteuil du Roi.

LE ROI, après avoir bu.

Et maintenant, je vais te montrer que, si tu m'aimes, tu n'as
pas affaire à un ingrat.

SIMON FOURNIEZ.

Ah ! Sire !

LE ROI.

La guerre n'est pas tout, mon compère. Le commerce, tu le sais, est aussi la force d'une nation. Or, j'ai de graves intérêts à débattre avec mes amis les Flamands.

SIMON FOURNIEZ.

Bon !

LE ROI, s'asseyant dans son fauteuil.

Et il m'est venu à l'esprit de faire de toi mon ambassadeur.

SIMON FOURNIEZ.

Ambassadeur! Moi! Votre Majesté a daigné songer à moi pour une telle mission! Mais c'est impossible; je ne saurais parler comme il faut à des seigneurs.

LE ROI.

Ce n'est pas avec des nobles que tu vas négocier, mais avec des chaussetiers et des batteurs de cuivre. Mieux que personne, tu fais mon affaire.

SIMON FOURNIEZ, avec embarras.

Oui... mais ma boutique, Sire!

LE ROI.

Bon! Elle est la plus achalandée de toute la ville! Au besoin, tes draperies se vendraient toutes seules.

NICOLE.

Sire, je devine bien la pensée de mon frère. Ce n'est pas son commerce qui l'inquiète : c'est Loyse, qu'il n'oserait confier à personne, pas même à vous, pas même à moi.

SIMON FOURNIEZ.

Si encore Loyse était mariée !

LE ROI.

Qu'à cela ne tienne. Marions-la.

SIMON FOURNIEZ.

Si Votre Majesté croit que c'est facile! Je n'ai jamais forme

d'autre vœu que celui-là. Mais Loyse y met de l'entêtement ;
jusqu'à présent elle m'a résisté.

LE ROI.

Peut-être aurai-je plus de crédit auprès d'elle.

SIMON FOURNIEZ.

Mais encore faudrait-il trouver un épouseur !

OLIVIER-LE-DAIM, s'approchant.

Ce n'est pas là le difficile, maître Simon. Mademoiselle Loyse
n'est-elle pas jolie comme une petite fée ?

LE ROI, regardant Olivier.

Tu t'en es aperçu ?

OLIVIER-LE-DAIM.

Qui ne s'en apercevrait, à moins d'être aveugle ?

LE ROI.

C'est juste. Et à ce charme de gentillesse et de beauté, Loyse
en réunit d'autres encore. Elle a un père qui possède des prés...

SIMON FOURNIEZ.

Des prés superbes !

LE ROI.

Des vignobles...

SIMON FOURNIEZ.

Qui produisent le meilleur vin de Tours !

LE ROI.

Et sur les coteaux voisins...

SIMON FOURNIEZ.

De beaux et nombreux moulins que le vent ne laisse pas
dormir !

LE ROI.

Puis Loyse est notre filleule. C'est un bon parti.

SIMON FOURNIEZ.

Un parti superbe pour un riche bourgeois de notre bonne

ville. C'est ce que je lui dis chaque jour. Mais elle ne m'écoute
pas.

OLIVIER-LE-DAIM.

Si alors vous lui proposiez quelque chose de mieux?

SIMON FOURNIEZ, blessé.

De mieux qu'un bourgeois!

LE ROI, ironiquement.

Tu ne devines pas, Simon? Messire Olivier, par exemple,
qui, après une jeunesse pleine de travaux et d'aventures, me
semble très-désireux de faire une fin!

SIMON FOURNIEZ, affectant la modestie.

Une pareille fin n'est pas digne de monsieur votre barbier,
Sire! La Providence, sans doute, lui en garde une meilleure.

OLIVIER-LE-DAIM.

Hein?

SIMON FOURNIEZ, avec bonhomie.

Je dis ce que tout le monde dit.

LE ROI.

Eh bien! nous consulterons Loyse elle-même. Sois tranquille, mon compère, j'ai fait des choses plus difficiles. Mais à
propos, qu'est-elle devenue, ma gentille Loyse? Est-ce qu'elle
nous tient rigueur? Il me tarde pourtant de la voir sourire, et
d'écouter son gracieux babil!

SIMON FOURNIEZ.

Tenez, Sire, la voici. Il semble qu'elle ait deviné le désir de
Votre Majesté... et le mien.

SCÈNE II.

LE ROI, SIMON FOURNIEZ, NICOLE ANDRY,
OLIVIER-LE-DAIM, LOYSE.

LE ROI, souriant à Loyse, avec bienveillance.

C'est toi, ma Loyse?

LOYSE, s'agenouillant sur un coussin, aux pieds du Roi.

Oui, Sire. Oh! je ne vous oubliais pas!

LE ROI.

Sais-tu ce que me disait mon ami Simon ? Il prétendait que
tu m'es comme lui toute dévouée, et que, de même que lui,
tu ne saurais me refuser nulle chose au monde.

LOYSE.

Essayez, Sire.

LE ROI, lui tenant la tête entre ses mains et la regardant avec tendresse.

Écoute. Je veux que tu sois contente. Il n'y a pas de chose à
quoi je tienne davantage, car, (en confidence) je ne te l'ai jamais
dit, (gravement) si les étoiles ne mentent pas, j'ai de bonnes rai-
sons de croire que mon bonheur est lié au tien.

LOYSE, avec élan.

Alors, faites-moi bien vite heureuse !

LE ROI, à part.

Chère âme de colombe ! (A Loyse.) Veux-tu m'obéir ?

LOYSE.

Oh ! de tout mon cœur.

LE ROI.

Eh bien ! ma mignonne, il faut que tu te maries.

LOYSE.

C'est cela que vous vouliez me demander ?

LE ROI.

Oui.

LOYSE, avec regret.

Oh ! quel dommage !

LE ROI.

Et pourquoi cela, brunette ? Te voilà grande, jolie, rose
comme un Avril en fleur ; un tel trésor ne peut pas rester sans
maître. Dis un mot, et tu auras le plus généreux des mar-
chands de Tours ! Tu souris ? Je crois te comprendre. Les
drapiers et les merciers de notre bonne ville ont des terres,
des vignes au soleil, mais ils ont aussi pour la plupart le chef

blanc et le dos voûté. Et celui à qui tu penses quand tu es
toute seule, est un jeune apprenti aux cheveux blonds qui n'a
que son aune! Ce n'est pas là un obstacle. Par ma patronne!
j'enrichirai si bien l'apprenti qu'il pourra festoyer son ancien
maître sur une nappe peluchée, dans une bonne et solide vaisselle d'argent. Ainsi, nomme-le sans crainte.

LOYSE.

Sire, je ne me soucie pas plus d'un apprenti que d'un marchand.

SIMON FOURNIEZ, avec colère.

Peut-être que tu nous trouves de trop basse lignée pour toi!

LOYSE, au Roi.

Il ne m'appartient pas de rabaisser l'état que mon père
exerce avec honneur, —

SIMON FOURNIEZ.

Eh bien, alors?

LOYSE, continuant.

Mais je ne vois pas de différence entre une boutique et une
prison. Quoi! rester ainsi dans cette ombre, dans cet ennui,
quand le monde est si grand, quand il y a tant de cieux, tant
de terres, tant de rivières, tant d'étoiles!

LE ROI.

Tu ne veux pas d'un marchand?.. Tu te tais?

LOYSE.

Sire...

NICOLE.

Soyez tranquille, Sire. Loyse me dit tout, et je la confesserai.

LOYSE.

Je n'ai pas de secrets, ma tante. Le Roi le sait bien, ma mère
était fille d'un drapier de Tours. Toute petite enfant, comme
elle jouait sur les bords de la Loire, elle avait été enlevée par
des Bohémiens. Douze ans plus tard on la retrouva par miracle,
restée sage, vertueuse et douce, mais elle avait gardé de sa

vie errante l'amour de vivre au grand air et le désir de l'es-
pace infini. Mon bon père l'a épousée avec une sincère amitié
et l'a rendue heureuse, —

SIMON FOURNIEZ.

Ma pauvre femme !

LOYSE.

Et cependant elle est morte jeune, quoique entourée de soins
et d'amour. Elle songeait toujours aux pays bénis où les fruits
et les fleurs naissent ensemble dans la lumière. J'ai dans les
veines le sang de ma mère : voilà pourquoi, Sire, je ne veux
pas épouser un marchand.

SIMON FOURNIEZ.

Princesse !

LE ROI.

Veux-tu un soldat ?

LOYSE.

Non, Sire. Rester à la maison quand mon mari subirait les
hasards et les dangers de la bataille ! Ne serait-ce pas endurer
lâchement un supplice de toutes les minutes ?

LE ROI.

Ainsi ton cœur ne dit rien ?

NICOLE, au Roi.

Rien, Sire.

LOYSE, naïvement.

Si fait. Mais ce qu'il me dit est bien confus. (Elle s'approche
doucement du Roi et, pensive, appuie sa tête contre la chaire dans laquelle il
est assis.) Il me semble que j'aime un homme qui, sans doute,
n'existe pas, puisque je le voudrais vaillant comme un capitaine et capable d'une action héroïque, mais doux comme une
femme. Et voyez si mes rêveries sont folles ! quand je songe à
cet ami inconnu, je le vois parfois malade et chétif, et ayant
besoin de ma protection, comme si j'étais sa mère ! Vous voyez
bien que je suis une petite fille, ne sachant pas même ce qu'elle

veut, et qu'il faut me laisser du temps pour que je lise plus clairement en moi-même.

SIMON FOURNIEZ.

Autant laisser à un chat le temps de dévider un peloton de fil! Ah! tu ne veux pas de mari! Eh bien, je te promets une chose, c'est que tu en auras un avant qu'il soit peu.

LOYSE.

Non, mon père, laissez-moi libre, avec mes fleurs, au grand air et au grand soleil!

SIMON FOURNIEZ, outré.

Au grand soleil! (Au Roi.) Sire, ordonnez-lui de m'obéir.

LE ROI.

Ah! Simon, ici, je ne suis pas le roi!

LOYSE avec câlinerie.

Mon bon père, gardez-moi. Ne me chassez pas.

SIMON FOURNIEZ.

Tiens, sais-tu ce que je finirai par faire, un beau jour? Je t'enfermerai à double tour dans ta chambre, et tu n'en sortiras que lorsque tu seras soumise à ma volonté.

LOYSE avec une révérence.

Ne vous fâchez pas, mon père. J'irai moi-même. J'y vais tout de suite, mais (joignant les mains) ne me mariez pas. (Au Roi.) Au revoir, mon parrain!

LE ROI.

Pauvre Loyse!

Loyse sort avec une gracieuse mutinerie enfantine.

SCÈNE III.

LE ROI, SIMON FOURNIEZ, NICOLE ANDRY, OLIVIER-LE-DAIM.

LE ROI.

Tu l'as encore mise en fuite, Simon!

SIMON FOURNIEZ.

Je veux la réduire à l'obéissance! C'est à moi de montrer

de la fermeté, puisque Votre Majesté n'a pas voulu décider sa
filleule à être heureuse !

LE ROI.

Bah ! les gens n'aiment pas plus à tenir leur bonheur des
mains d'un autre que les anguilles à être écorchées vives !

OLIVIER-LE-DAIM.

Ceux dont parle Votre Majesté sont les ingrats.

LE ROI.

Autant dire : tout le monde !

SIMON FOURNIEZ.

Ah ! Sire, je suis un père volé, assassiné. Adieu mon ambas-
sade ! Je ne verrai pas vos batteurs de cuivre.

LE ROI.

Calme-toi. Le refus de Loyse, tient tout simplement à ce
qu'elle n'aime encore personne. Il ne s'agit que de chercher
celui qu'elle peut aimer.

NICOLE, au Roi.

Et notre Loyse n'aura plus guère souci de tant voir les pays
lointains, le jour où quelqu'un sera devenu pour elle tout l'u-
nivers !

LE ROI.

Bon ! Mais encore faut-il trouver ce quelqu'un. (On entend au
dehors un grand bruit et des éclats de rire prolongés.) Quel est ce tumulte?
(Simon Fourniez va à la fenêtre à droite, et tout à coup éclate de rire.) Qu'est-
ce donc ?

SIMON FOURNIEZ, riant.

Sire, c'est Gringoire !

OLIVIER-LE-DAIM, à part.

Gringoire ! Ici ! Les maladroits le laissent approcher de cette
place !

SIMON FOURNIEZ.

Oh ! le voilà devant la boutique de mon voisin le rôtisseur.
Ses yeux semblent vouloir décrocher les poulets dorés. Il
mange la fumée, Sire ! Ma foi, Gringoire est un drôle de corps.

OLIVIER-LE-DAIM, à Simon Fourniez.

Oui, et ce drôle de corps s'arrête souvent sous les fenêtres de votre maison ; particulièrement sous celles de votre fille.

NICOLE.

Où est le mal ?

SIMON FOURNIEZ.

Il a de si bonnes chansons ! (Il chante.)

Satan chez nous s'est fait barbier !
Il tient le rasoir....

Rencontrant le regard d'Olivier-le-Daim et achevant entre ses dents.

dans sa griffe !

(A part.) Oh ! le diable ! j'oubliais !

OLIVIER-LE-DAIM.

Ces chansons, maître Fourniez, il paraît qu'on les écoute ici ?

NICOLE. avec résolution.

Sans doute.

OLIVIER-LE-DAIM.

Prenez garde. Il ne faudrait pas trop vous en vanter.

LE ROI.

Pourquoi cela ?

OLIVIER-LE-DAIM.

C'est que, parmi ces chansons effrontées, qui ne respectent personne, —

LE ROI.

Je le vois.

OLIVIER-LE-DAIM, continuant.

Il y a une certaine BALLADE DES PENDUS, comme on l'appelle, qui doit mériter la corde à celui qui l'a composée.

NICOLE, à part avec effroi.

La corde !

LE ROI.

Eh quoi ! Nicole, c'est ce brave compagnon dont vous me parliez qui met ainsi en émoi tout le populaire ?

SIMON FOURNIEZ, au Roi.

Sait-il seulement ce qu'il fait? Gringoire, Sire, est un enfant.

OLIVIER-LE-DAIM.

Un enfant méchant et dangereux, comme tous ses pareils ! Les rimeurs sont une sorte de fous qu'on n'enferme pas, je ne sais pourquoi, bien que le plus sain d'entre eux soupe du clair de lune, et se conduise avec moins de jugement qu'une bête apprivoisée.

NICOLE, indignée.

Oh! (Au Roi.) Est-ce la vérité, Sire ?

LE ROI.

Pas tout à fait, et messire Olivier-le-Daim est un peu trop fier. Vous semblez, Nicole, vous intéresser vivement à ce rimeur, qui vous a chantée?

NICOLE.

Oui, Sire. J'avoue hautement que je l'aime.

LE ROI.

Vous l'aimez ?

NICOLE.

Cordialement. Et si Gringoire n'était fier comme l'empereur des Turcs, il aurait toujours chez nous une place au foyer et un bon repas. Quand je le vis pour la première fois, c'est il y a trois ans, par le rude hiver qu'il fit alors, où pendant deux mois la terre fut toute blanche de neige. Gringoire était assis sous le porche d'une maison de la rue du Cygne ; il avait sur ses genoux deux petits enfants égarés qu'il avait trouvés pleurant après leur mère, et grelottant de froid. Il avait ôté de dessus ses épaules son méchant pourpoint troué pour les envelopper dedans, et, resté à demi nu, il berçait les petits, en leur disant un cantique de la sainte Vierge.

LE ROI. après avoir rêvé.

Je veux voir ce Gringoire.

OLIVIER-LE-DAIM, déconcerté.

Ah!

NICOLE.

Ah! Sire! vous avez là une idée de roi. Pauvre garçon! le voilà déjà qui triomphe de son étoile!

OLIVIER-LE-DAIM.

Appeler devant le Roi ce baladin!

LE ROI.

J'ai dit : Je veux.

OLIVIER-LE-DAIM, changeant de pensée.

Soit !

Il s'incline devant le Roi, et va donner un ordre aux officiers placés dans la pièce voisine.

LE ROI, négligemment.

Le jeu en vaut un autre. Et je trouve qu'il n'y a pas de festin excellent, s'il ne se termine par quelque bonne drôlerie et joyeuseté.

SIMON FOURNIEZ.

C'est mon avis. Gringoire nous dira une de ses farces... bien salées! Celle de Pathelin, par exemple... Bée... bée... bée... bée !

OLIVIER-LE-DAIM, au Roi.

Votre Majesté va être obéie. Gringoire va venir, et je lui ferai dire quelques rimes. Seulement, je n'assure pas qu'elles amuseront Votre Majesté !

LE ROI.

Nous verrons bien! et pour peu que ses chansons soient moins méchantes que tu ne le prétends, puisque Gringoire est si affamé, nous avons là de quoi lui faire fête. (On sert les mets sur la table.) Ça ne lui déplaira pas.

SIMON FOURNIEZ, allant vers la porte.

Le voici.

SCÈNE IV.

LE ROI, OLIVIER-LE-DAIM,
NICOLE ANDRY, SIMON FOURNIEZ, GRINGOIRE,
Les Archers.

Gringoire entre au milieu des archers, pâle, grelottant, et comme
ivre de faim.

GRINGOIRE.

Ah çà, messieurs les archers, où me conduisez-vous ? (Aux
archers.) Pourquoi cette violence ? (Les archers se taisent.) Ce sont
des gendarmes d'Écosse qui n'entendent pas le français. (Sur
un signe d'Olivier-le-Daim, les archers lâchent Gringoire, et sortent ainsi que
les pages.) Hein ? Ils me lâchent à présent ! (Apercevant le Roi et Olivier-le-Daim.) Quels sont ces seigneurs ? (Flairant le repas.) Dieu tout-
puissant, quels parfums ! On me menait donc souper ? On me
menait, de force, faire un bon repas ! La force était inutile. J'y
serais venu de bonne volonté. (Admirant l'ordonnance du repas.) Des
pâtés, de la venaison, des grès pleins de bon vin pétillant ! (Au
Roi et à Olivier-le-Daim.) Je devine, vous avez compris que messieurs les archers me conduisaient en prison sans que j'eusse
soupé, et alors vous m'avez fait venir pour me tirer de leurs
griffes... de leurs mains, veux-je dire, et pour me donner
l'hospitalité, comme les potiers de terre firent à Homérus !

LE ROI.

Dites-vous vrai, maître Gringoire ? Vous n'avez pas encore
soupé ?

GRINGOIRE.

Soupé ? Non, messire. Pas aujourd'hui.

NICOLE, s'avançant, au Roi.

Cela se voit de reste. Regardez son visage défait et blême.

SCÈNE IV.

GRINGOIRE, *rassuré.*

Madame Nicole Andry !

SIMON FOURNIEZ, *s'avançant à son tour*

Il meurt d'inanition.

GRINGOIRE.

Maître Simon Fourniez ! Dans mon trouble, je n'avais pas
d'abord reconnu votre maison.

OLIVIER - LE - DAIM, *à Gringoire.*

Vous n'avez pas soupé ? Alors, vous accepterez bien une aile
de cette volaille ?

GRINGOIRE, *comme hallaciné.*

Oui. Deux ailes. Et une jambe !

OLIVIER - LE - DAIM.

Voilà un vin de vignoble qui réveillerait un mort.

GRINGOIRE, *s'avançant vers la table.*

C'est mon affaire.

OLIVIER - LE - DAIM, *l'arrêtant du geste.*

Un instant ! Serait-il honnête de vous attabler ainsi sans
apporter votre écot et payer votre part du souper ?

GRINGOIRE, *décontenancé.*

Payer ? Je n'ai pas un rouge liard.

OLIVIER - LE - DAIM.

Si les Muses ne dispensent guère l'or et l'argent, elles ont su
vous prodiguer d'autres trésors. Vous avez l'imagination, les
nobles pensées, le don des rimes.

GRINGOIRE, *tristement.*

De pareils dons ne servent de rien quand on a grand'faim, et
c'est ce qui m'arrive aujourd'hui. Que dis-je ? aujourd'hui !
Tous les jours.

OLIVIER - LE - DAIM.

Comprenez-moi. Je veux dire qu'avant de satisfaire votre

?

appétit, vous nous direz une de ces odes que les Muses vous
ont inspirées.

GRINGOIRE.

Oh ! messire, mon appétit est plus pressé que vos oreilles.
(Il va pour s'approcher de la table.)

OLIVIER-LE-DAIM, l'arrêtant.

Non pas. Vos vers d'abord. Vous boirez et mangerez ensuite.

GRINGOIRE.

Je vous assure que ma voix est bien malade !

NICOLE, à Gringoire.

Bon courage !

GRINGOIRE, à part.

Allons, le parti le plus court est de céder, je le vois bien.
(Haut.) Voulez-vous que je vous dise quelque morceau tiré de
mon poëme des *Folles Entreprises ?*

OLIVIER-LE-DAIM.

Non.

GRINGOIRE.

La Description de Procès et sa figure ?

OLIVIER-LE-DAIM, l'interrompant.

Non. Une ballade plutôt. Cela sent son terroir gaulois !

GRINGOIRE, agréablement surpris.

Eh bien, celle qui a pour refrain : *Car Dieu bénit tous les
miséricords !*

OLIVIER-LE-DAIM.

Non. Déclamez plutôt cette ballade... là... que vous
savez... qui court la ville, et qui réjouit si fort ceux à qui on
la chante tout bas ?

NICOLE, à part.

Ah ! je devine enfin !

GRINGOIRE, avec méfiance.

Je ne sais pas de quoi vous voulez parler.

NICOLE, à part.

Le méchant homme !

OLIVIER-LE-DAIM.

Bon. Allez-vous dire que vous ne connaissez pas la BALLADE
DES PENDUS?

GRINGOIRE, répriman' un tressaillement.

Qu'est-ce que cela ?

OLIVIER-LE-DAIM.

La dernière ballade que vous avez composée.

GRINGOIRE, très-effrayé.

Ce n'est pas vrai.

NICOLE.

Certainement.

LE ROI.

Laissez, dame Nicole. Écoutez.

NICOLE, à part, regardant Gringoire avec pitié.

Ah! le pauvre! Le barbier n'en laissera pas une miette!

OLIVIER-LE-DAIM.

Et qui pourrait de nos jours, hors l'illustre poëte Gringoire.
composer une ballade pareille à celle-là, dont les rimes se
répondent si exactement d'un couplet à l'autre, comme des
appels de cor dans la forêt ?

GRINGOIRE, flatté.

Il est certain que les rimes en sont assez congrûment agen-
cées !

OLIVIER-LE-DAIM.

Ah! vous la connaissez?

GRINGOIRE, à part.

Mon renom me trahit. (Haut.) Je serais, je vous l'assure, bien
empêché de vous la dire. Je ne la sais pas.

OLIVIER-LE-DAIM.

Je vous croyais, comme nous, un fidèle serviteur du souverain, mais ayant le courage de penser haut et de dire la vérité à tous, même au Roi, —

GRINGOIRE, un peu ébranlé.

Ah! ce sont là vos façons!

OLIVIER-LE-DAIM.

Mais, puisque je me suis trompé, Dieu vous garde, messire Gringoire. Voici la porte de la rue.

GRINGOIRE, avec regret.

Quitter ce logis, ces parfums! sans avoir mangé!

OLIVIER-LE-DAIM.

C'est vous qui le voulez bien.

GRINGOIRE.

C'est le supplice de Tantalus, qui avait volé un chien d'or en Crète! J'ai cent fois plus faim que tout à l'heure. (Avec désespoir.) Messires...

OLIVIER-LE-DAIM.

N'en parlons plus. Quittons-nous sans rancune. (Il le pousse vers la porte.)

GRINGOIRE, désolé.

Oui.

OLIVIER-LE-DAIM.

Notre pauvre souper, qui restera avec sa courte honte! Admirez cette oie.

GRINGOIRE.

L'eau m'en vient à la bouche.

OLIVIER-LE-DAIM, prenant le plat sur la table et le montrant à Gringoire.

Voyez quelle chair grasse et succulente! (Il s'approche de Gringoire et lui passe le plat sous le nez.)

GRINGOIRE.

Suave odeur! Ce seigneur a raison. Il pense librement, mais il a bon cœur. (Entraîné par la faim.) Allons, puisque vous l'exigez...

NICOLE, avec effroi

Que va-t-il faire?

OLIVIER-LE-DAIM, arrêtant Nicole du regard. Sévèrement.

Dame Andry!

GRINGOIRE.

Vous aussi, madame, vous voudriez l'entendre? Eh bien,
puisque tout le monde le désire...

LE ROI.

Sans doute.

GRINGOIRE.

Je vais vous dire la BALLADE DES PENDUS. (Au Roi, avec orgueil
et confidentiellement.) Elle est de moi. (Naïvement.) C'est une idée
que j'ai eue en traversant la forêt du Plessis, où il y avait force
gens branchés. On les avait mis là, peut-être, de peur que la
rosée du matin ne mouillât leurs semelles!

NICOLE, à part.

Il ne se taira pas!

LE ROI, à Gringoire.

Eh bien?

GRINGOIRE.

M'y voici.

BALLADE DES PENDUS.

Sur ses larges bras étendus,
La forêt où s'éveille Flore,
A des chapelets de pendus
Que le matin caresse et dore.
Ce bois sombre, où le chêne arbore
Des grappes de fruits inouïs
Même chez le Turc et le More,
C'est le verger du roi Louis.

OLIVIER-LE-DAIM.

Cela commence bien!

Nicole se tourne vers le Roi et le supplie.

2

NICOLE, au Roi.

Par pitié !

LE ROI, tranquillement, à Gringoire.

La suite ?

GRINGOIRE.

Tous ces pauvres gens morfondus,
Roulant des pensers qu'on ignore,
Dans les tourbillons éperdus
Voltigent, palpitants encore.
Le soleil levant les dévore.
Regardez-les, cieux éblouis,
Danser dans les feux de l'aurore,
C'est le verger du roi Louis.

OLIVIER-LE-DAIM, répétant le refrain avec ironie.

Le verger du roi Louis !

LE ROI, toujours calme.

Fort bien. (A Gringoire.) Poursuivez.

GRINGOIRE.

La troisième strophe est encore plus réjouissante.

LE ROI.

Est-ce vrai ?

GRINGOIRE.

Vous allez voir.

Ces pendus, du diable entendus,
Appellent des pendus encore.
Tandis qu'aux cieux, d'azur tendus,
Où semble luire un météore,
La rosée en l'air s'évapore,
Un essaim d'oiseaux réjouis
Par-dessus leur tête picore.
C'est le verger du roi Louis.

NICOLE, à part.

Ah! malheureux!

Gringoire se retourne. Tous gardent le silence.

GRINGOIRE.

Eh bien, qu'en dites-vous? (A part.) Ils ne se dérident pas. Il n'y a que le vieux qui a l'air très-content. Celui-là s'y connaît, sans doute.

LE ROI, à Gringoire.

Mais n'est-il pas d'usage qu'il y ait un Envoi après les trois couplets?

GRINGOIRE.

Oui! je voyais bien que vous n'étiez pas un profane.

LE ROI.

L'Envoi doit commencer, j'imagine, par le mot *Prince.*

GRINGOIRE.

Oh! cela est indispensable, comme les yeux d'Argus sur la queue du paon. *Prince!* Seulement, vous comprenez, je ne connais pas de prince.

LE ROI.

C'est fâcheux!

GRINGOIRE, avec finesse.

Je sais bien que je pourrais toujours offrir ma ballade au duc de Bretagne ou à monseigneur de Normandie.

LE ROI.

En effet. Qui t'en empêche?

GRINGOIRE, simplement.

C'est que j'aime bien trop la France... et même le roi Louis... malgré tout! Mais je suis comme vous. Je lui dis aussi ses vérités. Qui aime bien...

LE ROI

Châtie bien. C'est juste. Voyons l'Envoi.

GRINGOIRE.

ENVOI.

Prince, il est un bois que décore
Un tas de pendus, enfouis
Dans le doux feuillage sonore.
C'est le verger du roi Louis !

OLIVIER-LE-DAIM, à Gringoire.

Maître Gringoire, on ne saurait polir des vers d'un tour plus agréablement bouffon !

GRINGOIRE, avec modestie.

Ah ! messire !

LE ROI.

Vous pouvez être sensible à ces éloges. On s'accorde à louer le goût de messire Olivier-le-Daim !

GRINGOIRE, effrayé.

Olivier-le-Diable !

OLIVIER-LE-DAIM.

C'est à vous que je le dois, Sire.

GRINGOIRE.

Le Roi !

LE ROI.

Oui, le Roi.

GRINGOIRE, avec accablement.

Le Roi ! Je ne souperai mie.

Gringoire affolé reste immobile. Tous se taisent.

LE ROI, à Gringoire.

Vous ne dites plus rien ?

GRINGOIRE.

Sire, pour rester muet, je n'en pense pas moins.

LE ROI.

Vous songez peut-être qu'après avoir si bien chanté les pendus...

GRINGOIRE.

Rien ne saurait m'empêcher...

OLIVIER-LE-DAIM.

D'être pendu vous-même.

GRINGOIRE, qui se sent déjà étranglé.

Ah !

NICOLE, suppliant le Roi.

Sire !

Le Roi regarde Nicole d'un air d'intelligence.

LE ROI, montrant Olivier-le-Daim.

Il a parlé sans mon ordre. Mais il peut avoir dit vrai.

NICOLE, bas au Roi.

Je vous ai vu sourire. Le Roi pardonne.

LE ROI, avec bonhomie.

Je ne dis pas cela.

GRINGOIRE.

Pendu ! (Au Roi, ingénument.) Sans souper ?

LE ROI, le regardant.

Tu pourrais souper ?

GRINGOIRE.

Oui. Je pourrais très-bien. Mais le Roi ne voudra pas que
je soupe.

LE ROI, riant tout à fait.

Fi ! Quelle idée as-tu là ? C'est me prêter un esprit de ven-
geance indigne d'un chrétien et d'un gentilhomme. Je n'envoie
pas mes amis se coucher à jeun. Tu souperas.

GRINGOIRE.

Enfin !

LE ROI.

Mange à ta faim et bois à ton désir... si le cœur t'en dit !

GRINGOIRE, le visage illuminé et allant à la table.

Je crois bien !

LE ROI, à Nicole.

Dame Nicole, vous avez là sous la main tout l'attirail de la
meilleure buverie. C'est vous qui remplirez son verre.

NICOLE.

Pour cela, oui, pauvre agneau! (A part.) Il est dans son bon jour!

SIMON FOURNIEZ.

C'est bien le moins qu'il boive.

LE ROI.

Vous, Olivier, vous servirez notre hôte.

GRINGOIRE.

Oh! je me sers tout seul.

OLIVIER-LE-DAIM, humilié.

Moi, Sire!

LE ROI.

Vous le pouvez sans déroger, sachez-le. Je n'oublie pas que je vous ai annobli. Mais un seigneur peut servir un poëte.

GRINGOIRE, fièrement.

Est-ce donc ainsi? Eh bien, Sire, (mettant un genou à terre.) pardonnez-moi! J'ai été coupable envers vous, mais puisque vous me prenez ma vie, je ne puis vous donner plus!

LE ROI, à part.

Bien. (Montrant la table à Gringoire.) Assieds-toi vite.

GRINGOIRE, se relevant.

C'est juste, je n'ai pas de temps à perdre, (Il s'assied à table et mange. Olivier-le-Daim le sert, Nicole Andry lui verse à boire.) si ce festin que je vais faire doit être le dernier que je fasse jamais! (Le Roi s'est assis dans un fauteuil près de Gringoire et s'amuse à le regarder; Gringoire boit et mange avec une avidité désespérée.) Le dernier, que dis-je! c'est bien le premier! (Il entame un pâté énorme.) O le pâté mirifique avec ses donjons et ses tours! Me croirez-vous? Eh bien, voilà ce que je rêve depuis que je suis au monde. Comprenez! J'ai toujours eu faim. Cela va bien un an, deux ans, dix ans! mais à la longue on a faim tout de même. Tous les matins, je disais au soleil levant, tous les soirs aux étoiles blanches : « C'est donc aujourd'hui jour de jeûne! » Elles me *souriant* les douces étoiles, mais elles ne pouvaient pas me donner de pain. Elles n'en avaient pas. (A Olivier-le-Daim, qui lui passe un plat.) Mille grâces, messire. (Au Roi.) Comme cela doit être facile d'être bon, quand on mange de si bonnes choses ! Moi, je suis très-bon, croyez-moi, j'ai souci des plus misérables créatures, —

NICOLE, au Roi.

Bonne âme innocente !

GRINGOIRE, continuant.

Et pourtant, voilà la première fois que je touche, même des yeux, à de telles victuailles. (A Nicole Andry, qui lui verse à boire.) Merci, madame. Oh! le joli vin clair! Ah! (Il boit.) cela vous met dans la poitrine la joie, le soleil, toutes les vertus. Comme je vais bien vivre ! Qui donc prétendait que j'allais être pendu? Je vous assure que je ne le crois plus du tout. (Au Roi.) A quoi cela vous servirait-il de pendre un nourrisson de Calliope et du saint chœur parnassien, qui peut, Sire, raconter vos exploits à la race future, et les rendre aussi durables dans la mémoire des hommes que ceux d'Amadis de Gaule et du chevalier Perséus?

LE ROI.

Tu as si bien commencé !

GRINGOIRE, piteusement.

Pas trop bien.

LE ROI.

Ces pendus, du diable entendus,
Appellent des pendus encore.

GRINGOIRE, avec une expression de doute.

Oh! ils les appellent!... Voyez-vous, Sire, le bon sens n'est pas mon fort. (Modestement.) Je n'ai que du génie. Ah! d'ailleurs, pendez-moi, que m'importe! Je suis bien bon de m'occuper de cela. (Il se lève.) Que me reste-t-il à faire sur cette planète, déjà refroidie? J'ai aimé la rose et le glorieux lis, j'ai chanté comme

la cigale, j'ai joué des mystères à la gloire des saints et je ne
vois pas ce que j'ai omis, sauf de laisser après moi des petits
Gringoire pour frissonner de faim et pour coucher sur la terre
dure. Or, franchement, ce n'est pas la peine. La seule chose
que j'avais négligée jusqu'à présent, c'est de souper. Et j'ai
bien soupé. J'avais offensé le roi notre Sire, je lui ai demandé
pardon à genoux. Mes affaires sont en règle, tout va pour le
mieux, et à présent, maître Simon Fourniez, je bénis le soir
d'été où pour la première fois j'ai passé devant votre maison.

SIMON FOURNIEZ.

Quel soir d'été ?

*Gringoire s'accoude d'abord sur le fauteuil du Roi, puis sans prendre garde
à ce qu'il fait, s'y assied tout à fait. Olivier-le-Daim s'élance vers lui furieux,
mais le Roi, du regard, arrête le barbier, et lui fait signe en souriant de ne pas
troubler Gringoire.*

GRINGOIRE, *se laissant aller à l'extase de sa rêverie, et peu à peu
finissant par oublier la présence de ceux qui l'entourent.*

Voyez-vous, un poëte qui a faim ressemble beaucoup à un
papillon affolé. Le soir que je veux dire (c'était à l'heure où le
soleil couchant habille le ciel de pourpre rose et de dorure,) en
passant sur le Mail du Chardonneret, j'avais vu flamboyer dans
leurs mailles de plomb vos vitres qu'il remplissait d'éclairs et
d'incendies, et, sans savoir pourquoi, j'étais allé à la flamme !
Je m'approchai, et à travers ces belles vitres de feu, je vis
resplendir la pourpre des fruits, je vis briller les orfévreries
et étinceler les écuelles d'argent, je compris qu'on allait manger
là, et je restai en extase. Tout à coup, au-dessus même de
cette salle, une fenêtre s'ouvrit, et une tête de jeune fille appa-
rut, gracieuse et farouche comme celle de Phœbé la grande
nymphe au cœur silencieux, quand elle aspire l'air libre de la
forêt. Les rayons d'or qui se jouaient dans sa chevelure et sur
son front vermeil lui faisaient une parure céleste, et je pensai
tout de suite que c'était une sainte du paradis !

NICOLE, bas au Roi.

C'était Loyse !

GRINGOIRE.

Elle semblait si loyale, si fière ! Mais après, je compris que

ce n'était qu'une enfant, en voyant un sourire empreint d'une
ineffable bonté voltiger dans la lumière de ses lèvres roses.
Alors, vous comprenez, mes pieds étaient cloués au sol, et je
ne pouvais détacher mes yeux de cette maison, où se trou-
vait justement réuni tout ce que j'étais destiné à ne posséder
jamais, un bon souper servi dans une riche vaisselle, et une
vierge enfant, digne de l'adoration des anges !

LE ROI, bas à Nicole.

Eh bien ! Nicole, voilà un pauvre songeur qui admire
comme il faut ma chère filleule ! Que dis-tu de cela ?

SIMON FOURNIEZ, à part.

Beau régal pour ma fille, d'être dévisagée par ce fantôme,
qui est transparent comme la vitre d'une lanterne !

GRINGOIRE.

Je suis revenu chaque jour, car rien ne nous attire mieux
que le sourire décevant des Chimères ! Mais, comme l'a dit un
sage, à la fin tout arrive, même les choses qu'on désire. Aujourd'hui enfin, j'ai festiné comme Baltassar, prince de Baby-
lone. Mais je formais un autre souhait, car l'homme est insa-
tiable.

LE ROI, venant s'accouder sur le fauteuil où Gringoire est assis.

Ce souhait, quel est-il ?

GRINGOIRE, s'apercevant de sa méprise, et se levant précipitamment.

J'aurais voulu apercevoir une fois de plus cette belle jeune
demoiselle de la fenêtre, —

SIMON FOURNIEZ.

Pour cela, non.

OLIVIER-LE-DAIM, à part.

Bien.

GRINGOIRE, qui n'a pas entendu Simon Fourniez, continuant.

Mais je la reverrai, puisque vous me faites partir devant
elle, et que vous m'envoyez l'attendre au ciel, où sont tous les

anges. Donc, rien plus ne me soucie, et si le moment est venu
à votre caprice, je puis gaiement et bravement mourir.

LE ROI, à part.

Il y a là un homme !

NICOLE, à part.

Le Roi ne dit pas encore qu'il fait grâce !

LE ROI, bas à Nicole.

Nicole, dis-moi : crois-tu que Loyse... pourrait aimer ce
Gringoire ?

NICOLE.

Comment ?

LE ROI.

Ne t'étonne pas. Pourrait-elle l'aimer ?

NICOLE.

Plût à Dieu ! Mais...

Elle lui désigne le maigre visage de Gringoire.

LE ROI.

Je te comprends. (A part.) Elle a peut-être raison. (Après avoir
évé, et comme à lui-même.) C'est égal, dans ce petit monde qui
tiendrait au creux de ma main, je vois l'homme et les fils qui
le remuent, tout comme en des intrigues plus illustres, et cela
m'amusera de voir la fin de notre conte.

OLIVIER-LE-DAIM.

Sire, puis-je à présent emmener d'ici maître Pierre Gringoire ?

LE ROI, contrarié de l'obsession d'Olivier-le-Daim.

Non. Qu'il reste. Je veux l'entretenir seul un moment.

OLIVIER-LE-DAIM.

Eh ! quoi ?

LE ROI, sévèrement.

M'avez-vous entendu ? Sortez. et ne rentrez pas ici que je
ne vous rappelle.

OLIVIER-LE-DAIM, à part.

Ce roi ne vaut rien quand il est bon. Il va faire quelque
sottise. Mais, patience!

Il s'incline devant le Roi et sort avec une rage sourde.

LE ROI.

Mon cher Simon, et vous dame Nicole, laissez-moi seul, je
vous prie, avec maître Pierre Gringoire. J'ai à lui parler.

GRINGOIRE, à part, tandis que Simon Fourniez et Nicole Andry prennent
congé du Roi et sortent.

Me parler! Bon saint Pierre, mon patron. que veut-il me
dire?

SCÈNE V.

LE ROI, GRINGOIRE.

LE ROI.

Pierre Gringoire, j'aime tes pareils. lorsqu'ils parlent bien
la langue rhythmée. Je te pardonne.

GRINGOIRE, tombant à genoux.

Ah! Sire! *Dieu bénit tous les miséricords!*

LE ROI.

Oui, je te pardonne. A une condition.

GRINGOIRE.

Faites de moi ce qu'il vous plaira.

LE ROI.

Je veux te marier.

GRINGOIRE.

Oh! Sire, pourquoi ne pas me faire grâce tout à fait?

LE ROI.

Comment! poëte affamé! seras-tu si fort à plaindre d'avoir
près de ton foyer une bonne ménagère?

GRINGOIRE, se levant.

Sire, ne voulez-vous pas me punir plus cruellement que je

ne le mérite? Je ne me sens pas le cœur d'épouser quelque douairière, contemporaine du roi Charlemagne.

LE ROI.

Celle dont je te parle a aujourd'hui dix-sept ans d'âge.

GRINGOIRE,

C'est donc que le ciel l'a affligée d'une laideur bizarre et surnaturelle?

LE ROI.

Elle est aussi belle que jeune, et toute pareille à une rose naissante.

GRINGOIRE, pâlissant.

Je devine, Sire. Mais libre et sans tache sous le ciel, je me vois trop pauvre pour me passer d'honnêteté et de renom.

LE ROI.

Tais-toi! la jeune fille dont tu seras l'époux est pure comme l'hermine, dont rien ne doit ternir la blancheur sacrée.

GRINGOIRE.

Tout de bon? (Revenant à lui.) Mais je n'ai d'autre lit que la forêt verte et d'autre écuelle que ma main fermée : je ne peux pas me mettre en ménage avec si peu de chose.

LE ROI.

Ne t'inquiète de rien. Tu dois bien penser que je n'oblige pas à demi.

GRINGOIRE.

Sire, vous êtes généreux comme le soleil de midi! Mais qui décidera la jeune demoiselle à devenir ma femme?

LE ROI.

Qui? Toi-même. Tu la regarderas comme tu regardais tout à l'heure le souper de maître Simon, et tu lui diras : « Voulez-vous être ma femme? »

GRINGOIRE.

Je n'oserai jamais.

LE ROI.

Il faut que tu oses.

GRINGOIRE.

Autant me proposer d'accompagner l'Iliade sur un chalu-
meau de paille.

LE ROI.

Il ne s'agit que de plaire.

GRINGOIRE.

Justement. Avec le visage que voilà ! Je me sens laid et
pauvre, et quand j'ai voulu bégayer des paroles d'amour,
elles ont été accueillies si durement que je me suis jugé à tout
jamais. Tenez, Sire, un jour (c'était dans la forêt qui est pro-
che), je vis passer sur son cheval frémissant une jeune chas-
seresse égarée loin des siens. Son visage brillait d'une lumière
divine, et elle était couverte d'or et de saphirs. Je me jetai à
ses genoux en tendant les mains vers cette nymphe héroïque,
et je m'écriai : « Oh ! que vous êtes belle ! » Elle arrêta son
cheval et se mit à rire, si fort et si longtemps que j'eus peur
de la voir mourir sur place. Une autre fois, j'osai parler d'a-
mour à une paysanne, aussi pauvre que moi, et vêtue à peine
de quelques haillons déchirés. Celle-là, ce fut autre chose, elle
me regarda d'un air de profonde pitié, et elle était si affligée
de ne pouvoir me trouver beau, que sans rien dire, elle en
versa deux grosses larmes. Les anges sans doute les ont
recueillies.

LE ROI.

Ainsi tu t'abandonnes toi-même. Quand je te donne un
moyen de vivre !

GRINGOIRE.

Chimérique !

LE ROI.

O couardise ! Rare lâcheté d'un homme qui hésite, ayant à
son service une arme plus forte que les lances et les épées !
Quoi, tu es poëte, par conséquent habile aux ruses et aux
caresses du langage, et l'amour de la vie ne t'inspire rien !

Sache ceci : tant que notre salut dépend de quelqu'un, et
que nous n'avons pas la langue coupée, rien n'est perdu. Il y
a un an, Gringoire, ce roi qui te parle à présent, où était-il?
Tu t'en souviens? A Péronne, chez le duc Charles. Prisonnier
du duc Charles. Prisonnier d'un vassal intéressé à sa perte,
violent, ne sachant lui-même s'il voulait ou ne voulait pas le
sacrifier : c'est ce qu'on éprouve dans les commencements
obscurs des grandes tentations! Qui voyait-il autour du duc?
Ses ennemis à lui, des transfuges! Son geôlier voulait se
croire offensé. Pour logis de plaisance, il avait une tourelle
sombre où avait coulé le sang d'un roi de France, assassiné
par un Vermandois! Son or! on le croyait si bien perdu que
ceux par qui il l'envoyait à ses créatures le mettaient dans
leur poche. Rien ne pouvait le tirer de là, que sa pensée agile;
mais, Dieu merci! il a pu parler à son ennemi, et le voici là,
redouté, vainqueur, maître de lui et des autres, et prenant ses
revanches. Et toi, Gringoire, toi qui as goûté le miel sacré,
tu as à convaincre qui? une enfant, une fillette capricieuse,
une femme, un être variable et changeant qui se pétrit comme
de la cire molle! et tu as peur!

GRINGOIRE.

Oui.

LE ROI.

Et tu trouves plus facile de mourir!

GRINGOIRE.

Oui, Sire. Car si je parle, comme vous le voulez, à cette
jeune fille inconnue, je sais bien ce qui arrivera. Elle se
mettra à rire à gorge déployée, comme la jeune Diana de la
forêt du Plessis.

LE ROI.

Elle ne rira pas.

GRINGOIRE.

Alors, elle pleurera, comme la mendiante. C'est l'un ou l'autre. On ne m'aime pas, moi! Et je n'aimerai plus.

LE ROI.

Tu n'es pas sincère. Mais je te devine. Tu redoutes, dis-tu,
celle à qui je veux fiancer l'espoir de ta vie? Tu dis qu'elle
ne peut t'aimer, Gringoire? Mais alors, pourquoi donc as-tu
gardé dans tes yeux le vivant reflet de sa beauté angélique?
Pourquoi as-tu le cœur plein d'elle? Pourquoi voulais-tu la
revoir tout à l'heure?

GRINGOIRE.

Qui cela, Sire?

LE ROI.

Elle, pardieu! la jeune fille de la fenêtre, celle que tu as
aimée en la voyant, celle que je veux te donner et que tu
refuses, la fille de Simon Fourniez, Loyse!

GRINGOIRE, éperdu.

Quoi!

LE ROI.

Eh bien oui, les deux ne font qu'une. La crains-tu toujours?
Veux-tu encore mourir?

GRINGOIRE, près de défaillir.

Oh! Sire! ne me dites pas qu'il s'agit d'elle, car alors c'est
tout de suite que je mourrais.

LE ROI, observant curieusement Gringoire.

Je te croyais plus brave. Que sera-ce donc quand tu la ver-
ras, ici, tout à l'heure!

GRINGOIRE.

A cette seule pensée, mes jambes se dérobent, et je sens
que mon cœur va m'étouffer!

LE ROI.

Allons, allons, il faut en finir. (Il va à la porte et appelle. Holà,
compère Simon! dame Nicole! (Bas, à Gringoire.) Ma foi, j'ai
cru que tu tomberais en pâmoison, comme une femme!

SCÈNE VI.

LE ROI, GRINGOIRE, SIMON FOURNIEZ. NICOLE ANDRY. LOYSE.

NICOLE, entrant.

Il a pardonné!

SIMON FOURNIEZ, amenant Loyse que le Roi ne voit pas d'abord.

Sire. nous voici.

LE ROI, à Simon Fourniez.

Eh bien. Simon, ta fille?

SIMON FOURNIEZ, piteusement.

Sire, je n'ai pas eu le courage de la laisser au cachot dans sa chambre. Je me suis sottement attendri. comme un vieil oison. (Le Roi sourit.) Vous me trouvez faible, n'est-ce pas?

LE ROI, riant.

Au contraire. Fais-la venir.

GRINGOIRE, à part.

C'est elle!

(Il s'appuie sur un meuble, prêt à tomber en faiblesse.)

LOYSE. au roi.

Sire. je suis délivrée avec tous les honneurs de la guerre! (Elle embrasse Simon Fourniez qui se laisse faire et essuie une larme.) On m'a ouvert les portes de la citadelle, et je n'ai pas rendu mes armes!

LE ROI, gaiement.

Bon! Mais il te reste à obtenir le pardon du Roi.

LOYSE, riant.

Oh! le Roi, je n'en ai pas peur! (Bas au Roi.) Il est juste. lui!

LE ROI.

Tu as raison. (Il prend Loyse sous son bras, et parle à demi-voix de

façon à n'être entendu que de Loyse et de Nicole.) Dis-moi, (Montrant
Gringoire.) Comment trouves-tu ce garçon ?

LOYSE, cherchant des yeux.

Où donc ?

LE ROI.

Là-bas.

LOYSE, après avoir regardé Gringoire.

Il n'est pas beau. Il a l'air triste, humilié.

NICOLE, bas au Roi.

Je vous l'avais bien dit, Sire.

LE ROI, à Nicole.

J'en aurai le cœur net. Je saurai si la lumière de l'âme inté-
rieure ne saurait embellir parfois un pauvre visage, et si la
flamme subtile d'un esprit ne peut suffire à éveiller l'amour!
(A Loyse.) Pierre Gringoire, mon serviteur, a quelque chose à te
demander de ma part. Il faut que tu lui accordes un moment
d'audience.

SIMON FOURNIEZ.

Lui, Sire, ce meurt-de-faim parler pour vous! Riant. Ah!
ah! ah! la bonne folie!

LE ROI, à Simon Fourniez.

Tu peux bien, n'est-ce pas, sur ma foi de gentilhomme,
laisser quelques instants notre Loyse seule avec lui ?

SIMON FOURNIEZ.

Oh! pour cela, Sire, tant qu'on voudra! voilà qui est sans
danger. Gringoire est un enjôleur de filles que je pourrais
mettre dans mon verger, comme un mannequin pour effrayer
les oiseaux !

GRINGOIRE, à part, douloureusement.

Elle entend cela !

LE ROI, à Loyse.

Écoute ce jeune homme, je t'en prie. Veux-tu, Loyse ?

3.

LOYSE.

Oh ! de grand cœur !

LE ROI.

Bien, ma fille. (Voyant la porte s'ouvrir.) Mais qui vient ici sans
mon ordre ? Olivier !

SCÈNE VII.

LE ROI, GRINGOIRE,
SIMON FOURNIEZ, LOYSE, OLIVIER-LE-DAIM,
NICOLE ANDRY.

LE ROI, à Olivier-le-Daim.

Je vous avais interdit, monsieur, et par égard pour vous,
d'assister à un entretien dans lequel j'entends décider du sort
de Loyse.

OLIVIER-LE-DAIM, à part.

J'arrive à temps. (Haut.) Quand il s'agit des intérêts de Votre
Majesté, ne dois-je pas, s'il le faut, enfreindre ses ordres ?

LE ROI.

Je connais ces prétextes hypocrites. Vous devez obéir, et
rien de plus.

OLIVIER-LE-DAIM.

Même lorsque les plus chers projets de mon roi sont menacés ?

LE ROI.

Quels projets ? Parlez, monsieur.

OLIVIER-LE-DAIM, montrant les personnages présents.

Devant eux ?

LE ROI.

Devant tous ! Parle, te dis-je, et malheur à toi si tu m'alarmes
en vain !

OLIVIER-LE-DAIM.

Plût à Dieu, Sire, que Votre Majesté eût seulement à punir la

désobéissance de son fidèle serviteur. Mais elle aura à châtier
d'autres crimes plus dangereux que celui-là.

LE ROI.

Que veux-tu dire ?

OLIVIER-LE-DAIM.

Cet échange de la Guyenne contre la Champagne...

LE ROI, tressaillant, et d'un geste éloignant Loyse.

Eh bien, cet échange ?

OLIVIER-LE-DAIM.

Cet échange n'aura pas lieu.

LE ROI.

Vous dites ?

OLIVIER-LE-DAIM.

Monseigneur votre frère le refuse.

LE ROI, hors de lui.

Il le refuse !

OLIVIER-LE-DAIM.

Vous vouliez que le duc de Bourgogne ignorât vos inten-
tions ?

LE ROI.

Oui.

OLIVIER-LE-DAIM.

Il les connaît.

LE ROI.

Quel est le traître ?

OLIVIER-LE-DAIM.

Le traître, Sire, est celui qui par ses lettres avertissait de
vos projets le duc Charles ! J'ai pu enfin saisir un de ses cour-
riers. Lisez, Sire ! (Il lui présente une lettre dépliée.) et Votre
Majesté dira si j'ai fait mon devoir.

LE ROI, après avoir jeté un coup d'œil sur la lettre.

La Balue ! Lui, ma créature ! (Lisant.) « Croyez en toute vérité,
Monseigneur, un serviteur discret qui est bien moins l'homme

du Roi que le vôtre! » Ah! La Balue! mon ami, pour regretter
de l'avoir écrite, cette lettre, tu auras à toi une nuit si longue,
si noire et si profonde, que tu auras besoin d'un effort de mémoire pour te rappeler l'éclat du soleil et la clarté du jour!

LOYSE, qui ne peut entendre, mais que la colère du Roi épouvante.
A Simon Fourniez.

Qu'a donc le Roi? Je ne l'ai jamais vu ainsi.

LE ROI, se levant.

Mais que dis-je? Il s'est enfui sans doute!

OLIVIER-LE-DAIM.

Pas si loin que je n'aie pu l'atteindre.

LE ROI, respirant.

L'imbécile! Nous le tenons! Merci, Olivier, tu es un bon
serviteur, un fidèle ami. Je ne l'oublierai pas. (Avec une fureur
toujours croissante.) Ah! mon courroux dormait, et on le réveille!
Donc, ce n'est pas fini, messieurs les mécontents, et il vous
faut des exemples profitables: vous en aurez! Vous vous ima-
giniez que la France n'est qu'un jardin fleurissant autour de
vos donjons fermés? Non pas, mes maîtres : la France est une
forêt dont je suis le bûcheron, et j'abattrai toute branche qui
me gênera, avec la corde, avec le glaive, avec la hache!

OLIVIER-LE-DAIM.

Sire, monseigneur de la Balue est un prince de l'Église.

LE ROI.

Je le sais, sa vie est sacrée. Je ne toucherai pas à la vie de
M. de La Balue. (Pâlissant de rage.) Mais je lui ménage une
retraite... Partons!

SIMON FOURNIEZ, s'approchant du Roi.

Sire!

LE ROI, se retournant.

Quoi? qu'est-ce? que me veux-tu?

SIMON FOURNIEZ.

Le Roi part sans me dire...

LE ROI.

Qu'ai-je à te dire? N'ai-je pas perdu assez de temps aux
commérages de ta boutique?

SIMON FOURNIEZ, suffoqué.

Ma boutique!

LE ROI.

À ton aune, bonhomme, à ton aune!

SIMON FOURNIEZ, ne sachant plus ce qu'il dit.

J'y vais, Sire. Elle est en bas!

OLIVIER-LE-DAIM.

Mais Gringoire...

LE ROI, comme dans un rêve.

Gringoire! qu'est cela, Gringoire?

OLIVIER-LE-DAIM.

Le factieux qui raille la justice de Votre Majesté.

LE ROI.

Il la raille? Qu'on le pende!

NICOLE.

Sire, Votre Majesté oublie qu'elle lui a pardonné.

LE ROI, revenant à lui.

C'est vrai. J'ai eu tort. J'ai suivi le premier mouvement, qui
ne vaut rien. Pour un roi justicier l'indulgence est un crime.
La bonté, le pardon, font des ingrats.

NICOLE.

Oh! Sire!

LE ROI, à Nicole.

Laissez-moi. (A Gringoire avec dureté.) Pour racheter la vie, je
t'avais imposé une condition.

NICOLE.

S'il ne peut la remplir!

LE ROI.

Tant mieux : Dieu ne veut pas que je pardonne. (A Gringoire.

Au surplus, cela te regarde. Dans une heure, tu auras décidé de ta vie. Ce n'est pas assez des princes et des seigneurs? Soit : j'irai encore, s'il le faut, chercher des rebelles à châtier jusque dans la boue! (Nicole veut parler; le Roi, du geste, lui impose silence.) Assez! assez! (Il sort.)

LOYSE, à Simon Fourniez.

Qu'est-ce donc, mon père? qu'y a-t-il? (Regardant le Roi avec terreur.) Quel changement!

SIMON FOURNIEZ, et montrant le poing à Gringoire.

A ton aune! Et c'est pour ce misérable-là que le Roi me traite de la sorte! Un gueux sans coiffe et sans semelle!

OLIVIER-LE-DAIM.

Maître Simon Fourniez, et vous dame Nicole Andry, retirez-vous, et que mademoiselle Loyse (Montrant Gringoire) reste seule avec cet homme.

SIMON FOURNIEZ.

Ce va-nu-pieds avec ma fille!

NICOLE, entraînant Simon.

Le Roi le veut.

SIMON FOURNIEZ, à Gringoire.

Bouffon! baladin! (S'arrachant de l'étreinte de Nicole et revenant sur ses pas. — Avec fureur.) Comédien!

LOYSE.

Au revoir, mon père.

Simon Fourniez et Nicole Andry sortent.

OLIVIER-LE-DAIM, à Gringoire.

Dans une heure. (Allant à la porte, s'adressant à l'officier placé en dehors.) Veillez à ce que vos soldats gardent chaque issue de cette maison et que personne n'en sorte sous peine de la vie. (Il disparaît. — La porte se referme.)

SCÈNE VIII.

GRINGOIRE. LOYSE.

GRINGOIRE, à part.

Allons, Gringoire, voilà qui est le plus simple du monde. Couvert, comme tu l'es, de leurs insultes, fais-toi aimer d'elle! En combien de temps, mes bons seigneurs? En un instant, tout de suite! A la bonne heure! Il fallait donc le dire plus tôt : c'est si facile!

LOYSE, à part.

Que se passe-t-il donc? Quel est cet homme? Le Roi, qui veut que je l'écoute, l'accable en même temps de sa colère. Que va-t-il me demander? Que puis-je pour lui? (Haut à Gringoire.) Vous avez à me parler?

GRINGOIRE.

Moi? Pas du tout.

LOYSE.

Ce n'est pourtant pas ce que m'a dit le Roi.

GRINGOIRE.

Ah! oui, le Roi m'a chargé de vous faire une proposition facétieuse et bizarre.

LOYSE.

Faites-la donc!

GRINGOIRE.

Vous la refuserez.

LOYSE.

Dites toujours.

GRINGOIRE.

Le Roi m'a chargé de vous demander...

LOYSE.

Quoi?

GRINGOIRE.

Si vous vouliez... (A part.) Les mots ne passent pas.

LOYSE.

Si je voulais...

GRINGOIRE.

Non, si, moi, je pouvais... je me trompe! Enfin, mademoiselle, le Roi... veut vous marier.

LOYSE.

Je le sais. Le Roi me l'a déjà dit. Mais qui ordonne-t-il que j'épouse?

GRINGOIRE.

Il vous laisse libre, mademoiselle. Vous avez toujours le droit de refuser. C'est l'homme que le Roi vous propose qui serait obligé, lui, de se faire aimer de vous.

LOYSE.

Mais encore, quel est cet homme?

GRINGOIRE.

Que vous importe? (Levant les épaules.) Vous ne pouvez pas l'aimer.

LOYSE.

Que vous importe aussi? Voyons, qu'est-il enfin?

GRINGOIRE.

Ce qu'il est? Oh! je vais vous l'expliquer tout de suite. Figurez-vous ceci. Vous êtes toute mignonne et enchanteresse; lui, il est laid et souffreteux. Vous êtes riche et bien attornée; il est pauvre, affamé, presque nu. Vous êtes gaie et joyeuse; et lui, quand il n'a pas besoin de faire rire les passants, il est mélancolique. Vous voyez bien que vous proposer ce malheureux, c'est justement offrir un hibou de nuit à l'alouette des champs.

LOYSE, à part, avec un effroi naïf.

Est-ce lui? Oh! non! (Haut.) Vous vous jouez de moi. Le Roi

m'aime; aussi n'est-il pas possible qu'il ait fait pour moi un
choix pareil!

GRINGOIRE.

En effet, cela n'est pas possible. Mais cela est vrai, pourtant. ·

LOYSE.

Mais comment ce malheureux que vous me dépeignez a-t-il
attiré l'attention du Roi?

GRINGOIRE.

L'attention du Roi? Vous dites bien. Il l'a attirée en effet,
et plus qu'il ne voulait. Comment? En faisant des vers.

LOYSE. étonnée.

Des vers?

GRINGOIRE.

Oui, mademoiselle. Un délassement d'oisif. Cela consiste à
arranger entre eux des mots qui occupent les oreilles comme
une musique obstinée ou, tant bien que mal, peignent au vif
toutes choses, et parmi lesquels s'accouplent de temps en temps
des sons jumeaux, dont l'accord semble tintinnabuler folle-
ment, comme clochettes d'or.

LOYSE.

Quoi! un jeu si frivole, si puéril, quand il y a des épées,
quand on peut combattre! quand on peut vivre!

GRINGOIRE.

Oui, on peut vivre! mais, que voulez-vous, ce rêveur et
dans tous les âges il y a eu un homme pareil à lui) préfère
raconter les actions, les amours et les prouesses des autres dans
des chansons où le mensonge est entremêlé avec la vérité.

LOYSE.

Mais c'est un fou, cela, ou un lâche.

GRINGOIRE, bondissant, à part.

Un lâche! (Haut, avec fierté.) Ce lâche, mademoiselle, dans des
temps qui sont bien loin derrière nous, il entraînait sur ses

pas des armées, et il leur donnait l'enthousiasme qui gagne
les batailles héroïques! Ce fou, un peuple de sages et de
demi-dieux écoutait son luth comme une voix céleste, et cou-
ronnait son front d'un laurier vert!

LOYSE.

A la bonne heure, chez les païens idolâtres. Mais chez nous,
aujourd'hui!

GRINGOIRE, avec mélancolie.

Aujourd'hui? C'est différent. On pense comme vous pensez
vous-même.

LOYSE.

Mais qui a pu persuader au... protégé du Roi de prendre
un pareil métier?

GRINGOIRE, simplement.

Personne. Le métier que fait ce chanteur oisif, ce poëte
(c'est ainsi qu'on l'appelait jadis), personne ne lui conseille de
le prendre. C'est Dieu qui le lui donne.

LOYSE.

Dieu! et pourquoi cela? Pourquoi condamnerait-il des créatures humaines à être inutiles, et exemptes de tout devoir?

GRINGOIRE.

Aussi Dieu n'a-t-il pas de ces dédains cruels! Chacun ici-
bas a son devoir : le poëte aussi! Tenez, je vais vous parler
d'une chose qui vous fera sourire peut-être, vous qui êtes
toute jeunesse et toute grâce! car vous n'avez jamais connu
sans doute ce supplice amer qui consiste à souffrir de la dou-
leur des autres, à se dire dans les instants où l'on se sent le
plus heureux : « En la minute même où j'éprouve cette joie,
il y a des milliers d'êtres qui pleurent, qui gémissent, qui
subissent des tortures ineffables, qui, désespérés, voient lente-
ment mourir les objets de leur plus chère amour, et se sentent
arracher saignant un morceau de leur cœur! » Cette chose-là
ne vous est pas arrivée, à vous?

LOYSE.

Vous vous trompez. Savoir que tant d'êtres sanglotent. ploient
sous le fardeau, succombent, et me sentir vaillante, forte, et
n'y pouvoir rien, voilà ce qui fait souvent que je me hais moi-
même. Voilà pourquoi je voudrais être homme, tenir une épée,
et ceux qui sont voués à un malheur injuste, les racheter de
mon sang!

GRINGOIRE, exalté.

Donc, vous avez un cœur! Eh bien, voulez-vous savoir?
Il y a sur la terre, même dans les plus riches pays, des milliers
d'êtres qui sont nés misérables et qui mourront misérables.

LOYSE.

Hélas!

GRINGOIRE.

Il y a des serfs attachés à la glèbe qui doivent à leur seigneur
tout le travail de leurs bras, et qui voient la faim, la fièvre,
moissonner à côté d'eux leurs petits hâves et grelottants. Il y
a de pauvres filles abandonnées, qui serrent sur leur poitrine
amaigrie l'enfant dont les cris leur demandent un lait, tari,
hélas! Il y a des tisserands glacés et blêmes qui, sans le savoir,
tissent leur linceul! Eh bien, ce qui fait le poëte, le voici :
toutes ces douleurs des autres, il les souffre ; tous ces pleurs
inconnus, toutes ces plaintes si faibles, tous ces sanglots qu'on
ne pouvait pas entendre passent dans sa voix, se mêlent à son
chant, et une fois que ce chant ailé, palpitant, s'est échappé
de son cœur, il n'y a ni glaive ni supplice qui puisse l'arrêter;
il voltige au loin, sans relâche, à jamais, dans l'air et sur les
bouches des hommes. Il entre dans le château, dans le palais,
il éclate au milieu du festin joyeux, et il dit aux princes de la
terre : — Écoutez!

> Rois, qui serez jugés à votre tour,
> Songez à ceux qui n'ont ni sou ni maille ;
> Ayez pitié du peuple tout amour,
> Bon pour fouiller le sol, bon pour la taille

Et la charrue, et bon pour la bataille.
Les malheureux sont damnés, — c'est ainsi ! —
Et leur fardeau n'est jamais adouci.
Les moins meurtris n'ont pas le nécessaire.
Le froid, la pluie et le soleil aussi,
Aux pauvres gens tout est peine et misère.

LOYSE, douloureusement.

Ah ! mon Dieu !

GRINGOIRE.

Écoutez encore !

Le pauvre hère en son triste séjour
Est tout pareil à ses bêtes qu'on fouaille.
Vendange-t-il, a-t-il chauffé le four
Pour un festin ou pour une épousaille.
Le seigneur vient, toujours plus endurci.
Sur son vassal, d'épouvante saisi,
Il met sa main comme un aigle sa serre,
Et lui prend tout en disant : « Me voici ! »

LOYSE, qui tombe à genoux en sanglotant.

Ah !

GRINGOIRE, avec une joie folle.

Vous pleurez !

LOYSE, avec élan.

Aux pauvres gens tout est peine et misère !

GRINGOIRE.

O Dieu !

LOYSE, allant à Gringoire et le regardant avec une curiosité émue.

Et celui qui parle ainsi d'une voix si fière, si éloquente, si tendrement indignée, est le protégé du Roi ! Pourquoi donc pensiez-vous que je ne pourrais pas l'aimer ?

GRINGOIRE, amèrement.

Pourquoi ?

LOYSE.

Et ce lutteur si résigné, si hardi, qui pour les autres brave
tous les périls, a besoin d'être soutenu et consolé dans sa
propre misère! Cet homme, je veux le connaître. Quel est-il?

GRINGOIRE, prêt à laisser échapper son secret.

Vous voulez le connaître?

LOYSE.

Oui... et le sauver de lui-même.

GRINGOIRE.

Le sauver?

LOYSE.

Vous hésitez encore?

GRINGOIRE.

Le sauver de lui-même... et du Roi... (A part.) Ah! lâche!
Tu peux avoir cette misérable pensée! Emporté avec elle au
paradis des anges, tu peux songer à redescendre dans ton
ignominie et à l'y entraîner avec toi! Meurs! pour être digne
d'un bonheur qui ne reviendra plus. Meurs! pour n'être pas
moins généreux qu'elle et pour la sauver à ton tour.

LOYSE.

Que voulez-vous cependant que je réponde au Roi? Le nom
de cet homme? J'ai le droit de le savoir!

GRINGOIRE, à part.

A quoi bon, si elle ne l'a pas deviné!

LOYSE, à part.

Ah! j'espérais qu'il se nommerait lui-même!

GRINGOIRE, à part.

On vient (voyant entrer Olivier-le-Daim), c'est Olivier! C'est la dé-
livrance! Grâce à Dieu, ma corde sera bien à moi, car je l'ai
gagnée!

SCÈNE IX.

LOYSE, OLIVIER-LE-DAIM, GRINGOIRE, puis LE
ROI, SIMON FOURNIEZ et NICOLE ANDRY.

OLIVIER-LE-DAIM, entrant, à Gringoire.

L'heure est écoulée.

GRINGOIRE.

Tant mieux !

LOYSE.

Déjà !

OLIVIER-LE-DAIM.

Partons donc ! (A part.) Le Roi n'aurait qu'à avoir quelque sot
accès de clémence.

GRINGOIRE.

Adieu, mademoiselle. Que tous les saints vous gardent !

LOYSE.

Mais votre mission n'est pas terminée !

GRINGOIRE.

Pardon, mademoiselle. Messire Olivier n'aime pas à attendre.

LOYSE.

Et où veut-il donc vous emmener ?

GRINGOIRE.

A une fête, où l'on ne saurait se passer de moi !

LOYSE, voyant entrer les pages qui précèdent le Roi.

Le Roi ! Ah ! tout va s'expliquer !

Loyse, Gringoire et Olivier-le-Daim se rangent des deux côtés de la porte.
Le Roi entre sans les voir. Il se frotte les mains, et son visage a une expression de joie. Il traverse la scène, et va s'asseoir dans un grand fauteuil à
gauche.

LE ROI.

S'il y a sur la terre une joie complète et sans mélange, s'il

y a une volupté qui soit en effet divine, c'est celle de châtier
un traître. Surtout quand la trahison a avorté et ne saurait
plus nous nuire. Ah! maintenant, je me sens bien. Rien n'a
périclité, au contraire, et je suis toujours le maître des événe-
ments. (Apercevant Olivier-le-Daim.) C'est toi, mon brave, mon
fidèle? Que fais-tu là?

OLIVIER-LE-DAIM.

Sire, j'exécutais vos ordres.

LE ROI.

Mes ordres? (Il aperçoit Gringoire et se rappelle tout.) Gringoire?
(Se souvenant.) Ah! un instant!

OLIVIER-LE-DAIM.

Mais...

LE ROI, sans l'entendre.

Tu m'as bien servi, Olivier. Je t'en saurai gré.

OLIVIER-LE-DAIM.

Sire, Votre Majesté me récompense déjà en daignant ap-
prouver mon zèle.

LE ROI.

Nous ferons mieux encore. (Le congédiant du geste.) Va, Olivier,
laisse-moi arranger les choses. Tu n'y perdras rien.

OLIVIER-LE-DAIM, s'inclinant.

Sire, il y a tout avantage à s'en remettre à vous! (Il sort.)

LE ROI, à lui-même.

La capitainerie du pont de Meulan, et j'en serai quitte. (Apercevant Loyse.) Loyse! Te voilà, ma mie! Pourquoi rester là-bas?
Est-ce que je te fais peur?

LOYSE.

Un peu. Vous avez été si méchant!

LE ROI, comme sortant d'un rêve.

Méchant? Ah! oui. Ne parlons plus de cela. Ta vue me

rafraîchit. Viens. (Il embrasse Loyse au front.) Mais je ne vois pas
ton père.

Depuis un instant, Simon Fourniez et Nicole Andry sont entrés par la porte
de gauche. Ils restent au fond de la scène, et regardent curieusement le Roi.

LOYSE.

Il se cache de vous. Vous l'avez si bien traité!

LE ROI.

Moi! Que lui ai-je pu dire, à ce bon et cher ami?

LOYSE, montrant Simon Fourniez.

Tenez, le voilà là-bas, qui n'ose avancer.

LE ROI, à Simon Fourniez.

Pourquoi donc? Approche, approche, ami Fourniez. Où
étais-tu donc?

SIMON FOURNIEZ.

Où j'étais? (Amèrement.) A mon aune.

LE ROI.

A ton... (Souriant.) Brave Simon, je t'ai fait de la peine? Ta
main! Je ne t'en veux pas. Je te pardonne.

NICOLE, s'avançant.

C'est bien de la bonté. Votre Majesté a daigné maltraiter si
bien mon frère, qu'elle devait lui en garder rancune.

LE ROI.

Nicole! J'ai eu tort d'être distrait devant une femme d'esprit. Venez là, mes amis, près de moi. Toi aussi, Gringoire.
Il y a quelque chose à terminer ici en famille. (A Gringoire.) Eh
bien, mon maître, j'espère que tu as su te faire heureux! Oui,
je suis sûr que ma filleule aura apprécié l'homme que je lui
offrais.

SIMON FOURNIEZ.

Quel homme?

LE ROI.

N'est-il pas vrai, Loyse?

LOYSE, feignant malicieusement d'être distraite.

Quoi donc, Sire ? De qui parlez-vous ?

LE ROI.

De l'époux que je te destine.

SIMON FOURNIEZ.

Quel époux ?

LE ROI.

L'acceptes-tu ?

LOYSE.

Non.

LE ROI. très-étonné.

Non !

LOYSE, à part.

Cette fois, il faudra bien qu'il parle.

LE ROI.

Tu le refuses ! Toi, Loyse !

LOYSE, regardant Gringoire à la dérobée.

Je ne puis épouser un inconnu... dont on n'a pas même voulu me dire le nom !

NICOLE, au Roi.

Ah ! J'en étais sûre ! il a été brave jusqu'au bout.

LOYSE.

Je savais bien qu'il était en danger !

LE ROI, à Loyse.

Gringoire ne t'a pas dit qu'il avait offensé le Roi son seigneur en composant une certaine... BALLADE DES PENDUS, et que pour racheter sa vie...

LOYSE, devinant.

Il devait en une heure, en un instant...

NICOLE.

Se faire aimer de toi !

LOYSE, poussant un grand cri de joie.

Ah ! (Allant à Gringoire qu'elle prend par la main.) Sire, je vous demandais ce matin un époux capable d'une action héroïque, un vaillant qui eût les mains pures de sang versé : eh bien ! le voilà, Sire. Donnez-le-moi. Je l'aime. C'est moi qui réclame votre parole, et je serai fière d'être sa compagne à toujours, dans la vie et dans la mort !

LE ROI. à Simon Fourniez.

Eh bien, Simon ?

SIMON FOURNIEZ.

J'entends, Sire. Vous voulez mon consentement ?

LE ROI.

Me le donneras-tu ?

SIMON FOURNIEZ.

Vous le savez, Sire, nous n'avons pas coutume de nous rien refuser l'un à l'autre.

LE ROI, riant.

Merci, compère. (A Gringoire.) Et toi, Gringoire, qu'en dis-tu ?

GRINGOIRE, éperdu de joie.

Sire ! Elle ne rit pas !

LE ROI, gaiement.

Elle ne pleure pas non plus ! (Bas à Gringoire.) Faut-il lui apprendre à présent la raison que tu avais d'être si timide ?

GRINGOIRE, désignant avec mélancolie son pauvre visage.

A quoi bon, Sire, si elle ne s'en aperçoit pas ?

LE ROI, à Simon Fourniez.

Mon cher ambassadeur...

SIMON FOURNIEZ, rayonnant de joie.

Ambassadeur !

LE ROI.

Voilà ta fille mariée ; prépare-toi à partir pour les Flandres.

(Prenant sous ses deux bras Nicole Andry et Loyse.) Es-tu contente de
moi, Nicole ?

NICOLE.

Oui, monseigneur. Vous êtes un vrai roi, puisque vous
savez faire grâce. Et qu'y a-t-il de plus doux ? Un pendu ne
saurait être utile à âme qui vive...

LOYSE.

Tandis qu'un oiseau des bois ou un poëte qui chante sert du
moins à annoncer que l'aurore se lève et que le printemps va
venir !

Le rideau tombe.

Au théâtre, la BALLADE DES PENDUS a dû forcément être coupée par des répliques indispensables à l'action, tandis qu'à la scène v111 le mouvement de la pièce qui, à cet endroit, se précipite vers le dénoûment, n'a pas permis à Gringoire de dire en entier la BALLADE DES PAUVRES GENS. Nous rétablissons ici le texte des deux ballades telles qu'elles ont été écrites, pour les présenter au lecteur dans l'intégrité de leur forme lyrique.

BALLADE DES PENDUS.

I.

Sur ses larges bras étendus,
La forêt où s'éveille Flore,
A des chapelets de pendus
Que le matin caresse et dore.
Ce bois sombre, où le chêne arbore
Des grappes de fruits inouïs
Même chez le Turc et le More,
C'est le verger du roi Louis.

II.

Tous ces pauvres gens morfondus,
Roulant des pensers qu'on ignore,
Dans les tourbillons éperdus

Voltigent, palpitants encore.
Le soleil levant les dévore.
Regardez-les, cieux éblouis,
Danser dans les feux de l'aurore,
C'est le verger du roi Louis.

III.

Ces pendus, du diable entendus,
Appellent des pendus encore.
Tandis qu'aux cieux, d'azur tendus,
Où semble luire un météore,
La rosée en l'air s'évapore,
Un essaim d'oiseaux réjouis
Par-dessus leur tête picore.
C'est le verger du roi Louis.

ENVOI.

Prince, il est un bois que décore
Un tas de pendus enfouis
Dans le doux feuillage sonore.
C'est le verger du roi Louis.

BALLADE DES PAUVRES GENS.

I.

Rois qui serez jugés à votre tour,
Songez à ceux que n'ont ni sou ni maille ;
Ayez pitié du peuple tout amour
Bon pour fouiller le sol, bon pour la taille
Et la charrue, et bon pour la bataille.
Les malheureux sont damnés, — c'est ainsi ! —
Et leur fardeau n'est jamais adouci.
Les moins meurtris n'ont pas le nécessaire.
Le froid, la pluie et le soleil aussi,
Aux pauvres gens tout est peine et misère.

II.

Le pauvre hère en son triste séjour,
Est tout pareil à ses bêtes qu'on fouaille.
Vendange-t-il, a-t-il chauffé le four
Pour un festin ou pour une épousaille,
Le seigneur vient, toujours plus endurci.
Sur son vassal, d'épouvante saisi,
Il met sa main, comme un aigle sa serre,
Et lui prend tout, en disant : « Me voici ! »
Aux pauvres gens tout est peine et misère.

III.

Ayez pitié du pauvre fou de cour !
Ayez pitié du pêcheur qui tressaille
Quand l'éclair fond sur lui comme un vautour,
Et de la vierge aux yeux bleus, qui travaille.
Humble et rêvant sur sa chaise de paille.
Ayez pitié des mères ! ô souci,
O deuil ! L'enfant rose et blond meurt aussi.
La mère en pleurs entre ses bras le serre,
Pour réchauffer son petit corps transi :
Aux pauvres gens tout est peine et misère.

ENVOI.

Prince ! pour tous je demande merci !
Pour le manant sous le soleil noirci
Et pour la nonne égrenant son rosaire
Et pour tous ceux qui ne sont pas d'ici :
Aux pauvres gens tout est peine et misère.

———————

L'auteur ne saurait trop engager MM. les directeurs des théâtres
de province qui voudront monter sa pièce, à ne tenir aucun compte,
lorsqu'ils distribueront le rôle de Gringoire, de l'emploi que tient à

Paris M. Coquelin. Ce remarquable comédien, à qui sa nature exceptionnelle permet d'aborder tous les genres, possède des qualités d'émotion, de tendresse, de poésie, bien rares chez les acteurs comiques. Aussi, à moins d'une rencontre heureuse et presque impossible, MM. les directeurs de province devront-ils, en ne consultant que la nature de l'homme et celle de son talent, distribuer ce rôle si varié au comédien qui en aura le physique, les aptitudes et l'intelligence, quel que soit d'ailleurs l'emploi qu'il joue, comiques ou rôles de genre, amoureux ou jeunes premiers de drame ou de comédie.

F I N.

PARIS. — IMPRIMERIE DE J. CLAYE, RUE SAINT-BENOIT, 7.

Imprimé en France
FROC031350230120
23251FR00017B/360/P